La Cucina Italiana

Oppskrifter og historier fra hele Italia

Marco Di Stefano

INNHOLD

Fritert blekksprut 6

calamari i venetiansk stil 9

Blekksprut med artisjokker og hvitvin 11

Grillet fylt blekksprut 13

Blekksprut fylt med oliven og kapers 15

Utstoppet blekksprut, romersk stil 18

Grillet Mauro blekksprut med fennikel og appelsin 20

Blekksprut stuet i tomater 23

Skalldyrsalat 25

Krabbe i varm saus 28

Sjømat couscous 31

Blandet fiskeyngel 34

Fiskerett i Molise-stil 36

Kyllingkoteletter i Francese 42

Kyllingkoteletter med basilikum og sitron 45

Kyllingkoteletter med salvie og erter 47

Kylling med gorgonzola og valnøtter 49

Kyllingkoteletter med salat 51

Kyllingruller med ansjossaus 54

Kyllingruller i rødvin 56

"Djevelens" kylling 58

Sprøstekt kylling 60

Marinert grillet kylling 62

Stekt kylling med poteter og sitron 64

Kylling og grønnsaker i landlig stil 66

Kylling med sitron og hvitvin 69

Kylling med pølser og syltet paprika 72

Kylling med selleri, kapers og rosmarin 74

Kylling i romersk stil 76

Kylling med eddik, hvitløk og varm pepper 78

Toskansk stekt kylling 80

Kylling med prosciutto og krydder 82

Kylling i stil med jegerens kone 84

Kylling med porcini 86

Kylling med oliven 88

Kyllinglever med Vin Santo 90

Stekt kylling med rosmarin 92

Stekt kylling med salvie og hvitvin 95

Kylling i stil med stekt svinekjøtt 97

Stekt kylling med marsala og ansjos 99

Fylt stekt kapong 102

Fritert blekksprut

Calamari Fritti

Gir 6 til 8 porsjoner

De fleste utenfor Italia likestiller egentlig ikke calamari med calamari, som de kanskje tror de ikke liker. De vet bare at de elsker "stekt calamari", som er like uimotståelig som potetgull. Langs hele kysten av Italia serveres stekt blekksprut alene eller som en del av en blandet fiskeyngel med små reker, whitebait og babyblekksprut.

For mange år siden på Sicilia fikk jeg servert en tallerken med bittesmå hel blekksprut stekt på denne måten. Da jeg stakk gaffelen min inn i den ene, ble jeg sjokkert da jeg oppdaget at blekkposen ikke var fjernet og et dypt lilla svart blekk sølt over hele tallerkenen min. Det er morsomt å spise, selv om det var uventet. Blekkposer fjernes fra blekksprut i USA fordi sjømaten holder seg bedre uten poser og kan fryses. (Det meste av blekkspruten som selges her har blitt frosset.)

Disse blekksprutene er lett melet. Steking skaper et tynt, gjennomsiktig belegg, og selv om det er sprøtt, er fargen nesten uendret.

2 pund renset calamari (calamari)

1 kopp universalmel

1 teskje salt

Nykvernet sort pepper

Oliven eller vegetabilsk olje til steking

1 sitron, kuttet i skiver

1. Lag en liten spalte i den spisse enden av hver blekksprut. Skyll grundig, la vannet renne gjennom kroppsposen. Tøm og tøm. Skjær kroppene på tvers i 1/2-tommers ringer. Hvis den er stor, kutt bunnen av hver klynge av tentakler i to. Tørk den.

2. Fordel melet på et bakepapir og smak til med salt og pepper. Kle et brett med papirhåndklær.

3. Hell olje til en dybde på 2 tommer i en dyp, tung gryte eller fyll frityrkokeren i henhold til produsentens instruksjoner. Varm oljen til 370 ° F på et frityrtermometer, eller til et lite stykke blekksprut syder og brunes lett når den legges i oljen i løpet av 1 minutt.

4. Når du har nådd riktig temperatur ruller du lett noen biter blekksprut i melblandingen. Rist av overflødig mel. Bruk en tang

og slipp bitene i den varme oljen uten å tette pannen. Kok til blekkspruten er lett gyllen, ca 3 minutter.

5. Med en hullsleiv overfører du blekkspruten til papirhåndklær. Gjenta med gjenværende blekksprut. Dryss over salt. Serveres varm med sitronbåter.

calamari i venetiansk stil

Calamari alla Veneta

Gir 4 porsjoner

I Venezia lages denne med blekksprut, blekksprut og blekk. Siden blekksprut er vanskelig å få tak i, er calamari (blekksprut) en god erstatning. Mest blekksprut her selges med blekkposen fjernet, selv om mange fiskemarkeder selger blekksprut- eller blekksprutblekk i små plastposer. Hvis tilgjengelig, tilsett litt blekk til sausingrediensene for fyldig farge og smak. Fisk serveres ofte i Venezia_Polenta_laget med hvitt i stedet for gult maismel.

¼ olivenolje

¼ glass finhakket løk

2 hele fedd hvitløk

2 pund calamari (blekksprut), renset og kuttet i ringer

2 mellomstore tomater, skrellet, frøet og hakket, eller 1 kopp hakkede hermetiske tomater

½ kopp tørr hvitvin

Salt og nykvernet sort pepper

1. Hell oljen i en stor, tung panne. Tilsett løk og hvitløk og stek på middels varme, rør ofte, til løken er gyllen, ca. 10 minutter. Kast hvitløken.

2. Tilsett blekksprut, tomater, vin og salt og pepper etter smak. Kok opp og la det småkoke til sausen tykner og blekkspruten er mør, ca 30 minutter. Serveres varm.

Blekksprut med artisjokker og hvitvin

Calamari og Carciofi

Gir 4 porsjoner

Sødmen til artisjokker gir smak til flere klassiske liguriske sjømatoppskrifter. Hvis du ikke vil bry deg med å rense ferske artisjokker, kan du erstatte en pakke med frosne artisjokkhjerter.

1 1/2 pund renset calamari (calamari)

4 mellomstore artisjokker

1 fedd hvitløk, finhakket

2 ss hakket fersk flatbladpersille

1/4 glass olivenolje

1 kopp tørr hvitvin

Salt og nykvernet sort pepper

1. Vask blekkspruten grundig innvendig og utvendig. Tøm godt. Skjær kroppene på tvers i 1/2-tommers ringer. Skjær tentaklene i to over basen. Tørk den.

2. Trim artisjokkene, fjern stilkenden og alle ytre blader til du når den lysegrønne sentrale kjeglen. Skjær av eventuelle mørkegrønne flekker fra basen med en liten kniv. Skjær artisjokkene i to og skrap ut den uklare innmaten. Skjær hver halvdel i tynne skiver.

3. Tilsett hvitløk, persille og olje i en stor panne på middels varme. Stek til hvitløken er gylden, ca 1 minutt. Rør inn blekksprut og salt etter smak. Tilsett vinen og kok opp på svak varme. Dekk til og kok i 20 minutter.

4. Rør inn artisjokker og 2 ss vann. Kok i 30 minutter eller til de er møre. Serveres varm.

Grillet fylt blekksprut

Calamari Ripeni

Gir 4 porsjoner

Blekksprut er ypperlig til fylling, men kjøp stor blekksprut ellers blir det et ork. Ikke fyll kroppshulene mer enn halvveis. De krymper betraktelig når de tilberedes, så overfylling kan få fyllet til å eksplodere. Denne oppskriften kommer fra Puglia i Sør-Italia.

8 til 12 store calamari (blekksprut), omtrent 6 til 8 tommer lange, renset

1 kopp vanlige tørre brødsmuler

¼ glass olivenolje

2 ss revet Pecorino Romano eller Parmigiano-Reggiano

1 fedd hvitløk, finhakket

1 ss hakket fersk flatbladpersille

Salt og nykvernet sort pepper

1 sitron, kuttet i skiver

1. Lag en liten spalte i den spisse enden av hver blekksprut. Skyll grundig, la vannet renne gjennom kroppsposen. Tøm og tøm.

2. Bland brødsmuler, olje, ost, hvitløk, persille, salt og pepper etter smak. Sett til side 1/4 kopp av blandingen. Fyll resten av blandingen løst inn i blekkspruten, fyll dem bare halvveis. Sett tentaklene inn i kroppsposen og fest dem med treplugger. Rull blekkspruten i den resterende brødsmuleblandingen.

3. Plasser grillen eller slaktekyllingstativet omtrent 5 tommer fra varmekilden. Forvarm grillen eller slaktekyllingen.

4. Grill eller stek calamarien til den er ugjennomsiktig og lett brun, ca. 2 minutter per side. Ha over på en tallerken og server varm med en sitronskive.

Blekksprut fylt med oliven og kapers

Calamari Ripeni

Gir 4 porsjoner

Calamari (blekksprut) stivner raskt når den varmes opp, men mykner når den kokes i væske i minst 30 minutter. For den beste konsistensen, kok calamarien raskt ved å grille eller steke, eller koke sakte til den er mør, som i denne oppskriften.

2 1/2 pund renset stor blekksprut (calamari), omtrent 6 til 8 tommer lang

2 ss olivenolje

1 fedd hvitløk, finhakket

1/2 kopp vanlige brødsmuler

2 ss hakket fersk flatbladpersille

2 ss hakket Gaeta eller andre milde sorte oliven

2 ss hakket, vasket og drenert kapers

1/2 ts tørket oregano, knust

Salt og nykvernet sort pepper

Saus

¼ glass olivenolje

½ kopp tørr rødvin

2 glass hakkede hermetiske skrellede tomater med juice

1 stort hvitløksfedd, lett knust

En klype kvernet rød pepper

Salt

1. Lag en liten spalte i den spisse enden av hver blekksprut. Skyll grundig, la vannet renne gjennom kroppsposen. Tøm og tøm. Skille likene fra tentaklene med en kniv. Legg likene til side. Hakk tentaklene med en stor kniv eller foodprosessor.

2. Tilsett 2 ss olje i en middels stekepanne. Tilsett hvitløken. Stek på middels varme til hvitløken begynner å bli gylden, ca 1 minutt. Rør inn tentaklene. Kok under omrøring i 2 minutter. Tilsett brødsmuler, persille, oliven, kapers og oregano. Tilsett salt og pepper etter smak. Fjern fra varmen og avkjøl.

3. Bruk en liten skje og fyll calamari-kroppene løst med brødsmuleblandingen, og fyll dem bare halvveis. Fest blekkspruten med tannpirkere av tre.

4. Velg en panne som er stor nok til å passe all blekkspruten i et enkelt lag. Tilsett 1/4 kopp olje og varm opp på middels varme. Tilsett calamari og kok, snu med tang, til den er ugjennomsiktig, ca. 2 minutter per side.

5. Tilsett vin og kok opp. Rør inn tomater, hvitløk, kvernet rød pepper og salt etter smak. Kok opp. Dekk delvis til pannen og kok opp, snu blekkspruten av og til, til den er veldig mør, 50 til 60 minutter. Tilsett litt vann hvis sausen blir for tykk. Serveres varm.

Utstoppet blekksprut, romersk stil

Calamari Ripieni alla Romana

Gir 4 porsjoner

Da jeg studerte italiensk i Roma for mange år siden, spiste jeg ofte lunsj på et familiedrevet spisested i nærheten av skolen. Hver dag var stedet fylt med arbeidere fra nærliggende butikker og kontorbygg, som tok med seg hjemmelaget mat som skulle serveres i kantinene. Menyen var begrenset, men det var billig og veldig bra. Slik tolker jeg den utstoppede blekkspruten deres.

1 1/2 pund renset stor blekksprut (calamari), omtrent 6 til 8 tommer lang

1 kopp vanlige tørre brødsmuler

3 fedd hvitløk, finhakket

2 ss finhakket fersk flatbladpersille

Salt og nykvernet sort pepper

5 ss olivenolje

1 stor løk, finhakket

2 kopper skrellede, frøsådde og hakkede tomater

½ kopp tørr hvitvin

1. Lag en liten spalte i den spisse enden av hver blekksprut. Skyll grundig, la vannet renne gjennom kroppsposen. Tøm og tøm. Finhakk tentaklene.

2. I en bolle kombinerer du tentakler, brødsmuler, hvitløk, persille, salt og pepper etter smak. Tilsett 2-3 ss olivenolje, eller nok til å fukte blandingen. Bruk en liten skje, fyll calamarien løst med brødsmuleblandingen, fyll dem bare halvveis. Fest blekkspruten med tannpirkere av tre.

3. Hell de resterende 3 ss olje i en stor panne. Tilsett løken. Kok over middels varme, rør ofte, til de er møre, ca 10 minutter. Rør inn tomater, vin, salt og pepper etter smak. Kok opp, og reduser deretter varmen til lav. Tilsett blekkspruten. Dekk til og kok, rør av og til, i 50 til 60 minutter, eller til blekkspruten er mør når den er gjennomhullet med en gaffel. Serveres varm.

Grillet Mauro blekksprut med fennikel og appelsin

Insalata di Polipo

Gir 4 porsjoner

Fennikel- og appelsinsalat er en klassisk siciliansk rett. I denne kreative oppskriften fra min venn kokk Mauro Mafrici, er en frisk salat supplert med sprø grillet blekksprut. Pass på å kutte fennikelen så tynt som mulig med en skarp kniv, mandolin eller veldig fine blader av en foodprosessor.

Blekkspruter kan se skremmende ut, men de krever liten innsats for å forberede seg. Når de er riktig tilberedt, har de en mild smak og er behagelige å tygge. Blekkspruter selges vanligvis frosset eller tint i fiskedelen av supermarkeder eller fiskemarkeder. Hvis du kjøper frossen, tin den i en bolle med kaldt vann, bytt vannet flere ganger. Denne oppskriften er vanligvis laget med liten blekksprut, hver veier omtrent 6 gram. Én stor blekksprut kan erstattes hvis små ikke er tilgjengelige.

4-8 babyblekkspruter, omtrent 6 gram hver, eller 1 stor blekksprut, omtrent 2 1/2 pund

5 ss ekstra virgin olivenolje

1 fedd hvitløk, finhakket

2 ss grovhakket flatbladpersille

Salt og nykvernet sort pepper

1 middels fennikelpære

1 ss ferskpresset sitronsaft eller etter smak

2 eller 3 navleappelsiner, skrellet og skåret i skiver

1 kopp milde svarte oliven, for eksempel Gaeta

1. Sjekk bunnen av blekkspruten for å se om det harde, runde nebbet er fjernet. Klem om nødvendig. Kok opp en stor kjele med vann. Tilsett blekkspruten og kok til den er mør når den er gjennomboret med en kniv, 30 til 60 minutter. Vask og tørk blekkspruten. Skjær stor blekksprut i 3-tommers biter.

2. I en bolle, sleng blekkspruten med 3 ss olje, hvitløk, persille og en klype salt og pepper. La marinere i kjøleskapet fra 1 time til over natten

3. Klipp av bunnen av fennikelen og trim bort eventuelle forslåtte områder. Fjern de grønne stilkene, og la de fjærgrønne bladene være igjen til pynt. Del fennikelen i kvart på langs og skjær ut

kjernen. Skjær kvartene på tvers i veldig tynne skiver. Du bør ha ca 3 kopper.

4. I en middels bolle, visp sammen de resterende 2 ss olje, sitronsaft og salt etter smak. Tilsett fennikel, appelsinskiver, oliven og fennikelblader, hvis tilgjengelig, og vend forsiktig.

5. Plasser en grill eller broiler panne ca 4 tommer fra varmen. Forvarm grillen eller slaktekyllingen. Når du er klar, grill eller stek, snu en gang, til den er brun og sprø, ca 3 minutter per side.

6. Anrett fennikelsalaten på fire tallerkener og legg blekkspruten på toppen. Server umiddelbart.

Blekksprut stuet i tomater

Polipetti i Salsa di Pomodoro

Gjør 4

Fiskere pleide å banke nyfangede blekkspruter mot steiner for å myke dem. I dag hjelper imidlertid frysing og tining av dem å bryte ned de seige fibrene. Å koke dem i vann på Neopolitan-måten sikrer at de er møre. Server med rikelig med godt brød for å suge opp sausen.

4-8 babyblekkspruter, omtrent 6 gram hver, eller 1 stor blekksprut, omtrent 2 1/2 pund

1/4 glass olivenolje

2 glass hakkede hermetiske skrellede tomater med juice

4 ss hakket fersk flatbladpersille

2 store fedd hvitløk, finhakket

En klype kvernet rød pepper

Salt

1.Sjekk bunnen av blekkspruten for å se om det harde, runde nebbet er fjernet. Klem om nødvendig. Kok opp en stor kjele med vann. Tilsett blekkspruten og kok til den er mør når den er gjennomboret med en kniv, 30 til 60 minutter. Tøm og tøm blekkspruten, ta vare på litt av kokevæsken. Skjær den store blekkspruten i passe store biter.

2.Varm oljen i en stor tykk kasserolle over middels varme. Tilsett blekksprut, tomater, 3 ss persille, hvitløk, rød pepper og salt etter smak. Rør for å kombinere. Kok opp sausen. Dekk til kjelen og kok på svært lav varme, rør av og til, i 30 minutter. Tilsett litt av den reserverte væsken hvis sausen blir for tørr.

3.Avdekke og kok i ytterligere 15 minutter eller til sausen har tyknet. Serveres varm.

Skalldyrsalat

Insalata di Scungilli

Gir 4 porsjoner

På julaften var familiens bord alltid lastet med en rekke fisk og sjømat - servert i salater, bakt, fylt, sausert og stekt. Min fars favoritt var denne salaten laget med konkylie eller escargot, en lignende art av sjøsnegl, selv om vi alltid kalte den med det napolitanske dialektnavnet scungilli.

Crunchy selleri legger til litt tygge til sjømaten, men fersk fennikel kan erstattes.

1 pund fersk eller frossen konkylie eller scungilli kjøtt

Salt

⅓ kopp ekstra virgin olivenolje

2 møre selleriribbe

2 ss hakket fersk flatbladpersille

1 fedd hvitløk, finhakket

En klype kvernet rød pepper

2-3 ss fersk sitronsaft

Radicchio eller salatblader

1.Hvis du bruker et nytt skall, hopp til trinn 2. Hvis vasken er frossen, legg dem i en bolle med kaldt vann for å dekke dem. Sett bollen i kjøleskapet i minst 3 timer og over natten, bytt vannet av og til.

2.Kok opp en middels gryte med vann. Tilsett konkylien og 1 ts salt. Når vannet koker opp igjen, kok konkylien til den er mør når den er gjennomhullet med en gaffel, ca. 20 minutter. Tøm og tøm.

3.Begynn med å skjære konkylien i 1/4-tommers skiver. Når du kommer til det mørke røret som er fylt med svampen, trekk det ut eller klipp det ut og kast det siden det kan være grøtt. Det er et annet rør på utsiden av saken som ikke trenger å fjernes. Vask og tørk skivene godt.

4.I en middels bolle kombinerer du selleri, persille, hvitløk, rød pepper, 2 ss sitronsaft og en klype salt. Tilsett konkylien og smak til med krydder, tilsett den resterende sitronsaften om nødvendig.

5. Avkjøl i opptil 1 time eller server umiddelbart på en seng med reddik eller salatblader.

Krabbe i varm saus

Scungilli Salsa Piccante

Gir 6 til 8 porsjoner

Da jeg var liten, dro familien min fra hjemmet vårt i Brooklyn til Little Italy i Midtown Manhattan for sjømat. Min far og onkler pleide å bestille denne retten, og ba servitøren om å gjøre retten deres ekstra krydret. Sjømaten og sausen ble lagt på fressels, harde kjeks krydret med mye sort pepper, noe som gjorde retten enda krydret. I stedet delte søsteren min og søskenbarna og jeg en tallerken med stekt sjømat eller fylte muslinger, uten å forestille oss at vi en dag skulle nyte så krydret mat.

I mitt område er det ikke lett å finne fersk konkylie eller scungilli (kalt scungilli på italiensk), så jeg bruker delvis kokt og frossen. Den er tilgjengelig på de fleste fiskemarkeder. Jeg bruker også ristet brød. Men hvis du liker det, kan du finne freselle i mange italienske bakerier. Skjær dem i biter med hendene og dryss over vann for å myke dem litt.

2 pund delvis tilberedt fersk eller frossen konkylie eller scungilli-kjøtt

⅓ kopp olivenolje

2 store fedd hvitløk, finhakket

En klype kvernet rød pepper eller etter smak

2 (28 oz.) bokser skrellede tomater, hakket

1 kopp tørr hvitvin

Salt

2 ss hakket fersk flatbladpersille

Italienske brødskiver, ristet

1. Hvis du bruker et nytt skall, hopp til trinn 2. Hvis vasken er frossen, legg dem i en bolle med kaldt vann for å dekke dem. Sett bollen i kjøleskapet i noen timer eller over natten, bytt vannet av og til.

2. Begynn med å skjære konkylien i 1/4-tommers skiver. Når du kommer til det mørke røret som er fylt med svampen, trekk det ut eller klipp det ut og kast det siden det kan være grøtt. Det er et annet rør på utsiden av saken som ikke trenger å fjernes. Vask og tørk skivene godt.

3. Hell oljen i en stor kjele. Tilsett hvitløk og knust rød pepper. Stek på middels varme til hvitløken er gylden, ca 2 minutter. Tilsett

tomater og deres juice, vin og salt etter smak. Kok opp. Kok i 15 minutter på lav varme, rør av og til.

4. Tilsett konkylien og kok opp. Kok, rør av og til, til konkylien er mør og sausen har tyknet, ca. 30 minutter. Blir sausen for tykk, rør inn litt vann. Smak til krydder, tilsett mer pepper om ønskelig. Rør inn persillen.

5. Legg skiver av ristet italiensk brød i bunnen av 4 pastaboller. Hell over konkylien og server umiddelbart.

BLANDET SJØMAT

Sjømat couscous

Couscous

Gir 4 til 6 porsjoner

Couscous dateres tilbake til minst det niende århundre på Sicilia, da araberne styrte den vestlige delen av øya. Den pleide å bli laget ved å håndrulle semulegryn til bittesmå pellets, men nå kan den tilberedes (raskt) i enhver matbutikk. I kystbyen Trapani lages couscous med kjøtt, fisk eller grønnsaker. Dette er min versjon av sjømatcouscousen jeg smakte mens jeg besøkte området.

Som regel er det bedre å bruke fiskebuljong til fiskeretter, men du kan også bruke kyllingbuljong med en klype; hjemmelagde produkter er alltid foretrukket.

2 kopper fisk el<u>Kylling buljong</u>

2 kopper vann

1 1/2 kopper løselig couscous

Salt

1/4 glass olivenolje

1 stor løk, hakket

2 fedd hvitløk, veldig finhakket

1 laurbærblad

2 store tomater, skrellet, frøet og hakket, eller 2 kopper hakkede hermetiske tomater med juice

4 ss hakket fersk flatbladpersille

En klype malt kanel

En klype malt nellik

En klype nykvernet muskatnøtt

En klype safran tråd, knust

En klype malt cayenne

Salt og nykvernet sort pepper

2 pund assortert faste fiskefileter eller biffer som sverdfisk, kveite, breiflabb eller havabbor og skalldyr

1. Kok opp buljong og vann. Ha couscousen i en varmefast bolle og rør inn 3 kopper av væsken og salt etter smak. Sett den resterende væsken til side. Dekk til couscousen og la stå til

væsken er absorbert, ca 10 minutter. Luft couscousen med en gaffel.

2. Hell oljen i en kjele som er stor nok til å holde fisken i et enkelt lag. Tilsett løk og hvitløk. Kok over middels lav varme, rør ofte, til de er møre, ca 10 minutter. Tilsett laurbærbladet og kok i ytterligere 1 minutt. Tilsett tomater, 2 ss persille, kanel, nellik, muskat, safran og cayenne. Kok i 5 minutter. Tilsett 2 dl vann og salt og pepper etter smak. Kok opp.

3. I mellomtiden fjerner du skinn og bein fra fisken. Skjær fisken i 2-tommers biter.

4. Legg fisken i gryta. Dekk til og stek i 5-10 minutter eller til fisken er akkurat ugjennomsiktig i den tykkeste delen. Overfør fisken til en varm tallerken med en hullsleiv. Dekk til og hold varmt.

5. Tilsett couscousen i gryten. Dekk til og kok i 5 minutter eller til den er varm. Smak til og juster krydderet. Tilsett litt av den reserverte kraften hvis couscousen virker tørr.

6. Hell couscousen på en dyp serveringsplate. Legg fisken på toppen. Dryss over resten av persillen og server umiddelbart.

Blandet fiskeyngel

Gran Fritto Misto di Pesce

Gir 4 til 6 porsjoner

Et tynt lag mel er alt som trengs for å lage en lett skorpe på småfisk eller oppskåret blekksprut (blekksprut). Du kan bruke denne metoden for en enkelt type fisk eller sjømat, for eksempel blekksprut, eller du kan bruke flere varianter.

4 unser renset calamari (calamari)

1 pund veldig liten fersk fisk som whitebait, fersk (ikke hermetisk) ansjos eller sardiner, renset

4 unser små reker, skallet og deveined

1 kopp universalmel

1 teskje salt

Vegetabilsk olje til steking

1 sitron, kuttet i skiver

1. Vask blekkspruten og tørk godt. Skjær kroppene i 1/2-tommers ringer. Hvis den er stor, kutt hver klynge av tentakler i to over

basen. Små sunne fisker som ansjos eller sardiner trenger ikke å bli avhodet. Hvite agn forblir alltid intakte. Vask fisken grundig innvendig og utvendig. Tørk den.

2. Bland mel og salt på et ark med vokspapir, og spre det deretter utover.

3. Kle et brett med papirhåndklær. Hell nok olje i en dyp, tung kjele til å nå en dybde på 2 tommer, eller hvis du bruker en elektrisk frityrkoker, følg produsentens instruksjoner. Varm oljen til 370 ° F på et frityrtermometer eller til et 1-tommers stykke brød syrer og blir brunt på 1 minutt når det slippes ned i oljen.

4. Kast en liten håndfull fisk og skalldyr inn i melblandingen. Rist av overflødig. Bruk en tang og slipp fisken forsiktig ned i den varme oljen. Ikke overfylt pannen. Kok til den er sprø og lett gylden, ca 2 minutter.

5. Med en hullsleiv overfører du fisken til tørkepapir for å renne av. Hold varm i en lav ovn. Stek resten av sjømaten på samme måte. Serveres varm med sitronbåter.

Fiskerett i Molise-stil

Zuppa di Pesce alla Marinara

Gir 6 porsjoner

Fiskegryte i molisestil er forskjellig fra andre regioner fordi den inneholder mye søt grønn paprika. Bruk lang italiensk stekt eller grønn paprika. Ideelt sett ville du laget denne med så mange forskjellige fisker som mulig, men jeg lagde den bare med calamari (blekksprut) og breiflabb og den var veldig god. I Molise kan kokker bruke hummer, blekksprut og steinbit eller andre harde kjøttvarianter.

¼ glass olivenolje

1 1/2 pund italiensk paprika, uthulet og hakket

1 løk, hakket

Salt

2 ss rødvinseddik

½ pund calamari (blekksprut), kuttet i ringer

1 pund faste sikbiffer eller fileter, kuttet i 2-tommers biter

½ pund mellomstore reker, skrellet, deveiret og kuttet i 1/2-tommers biter

2 ss hakket fersk flatbladpersille

6-12 skiver italiensk brød, ristet

Ekstra virgin olivenolje

1. Varm oljen i en stor kjele på middels varme. Rør inn pepper, løk og salt etter smak. Dekk til og reduser varmen til lav. Kok, rør av og til, til de er veldig møre, ca 40 minutter. Fjern fra varmen og avkjøl.

2. Skrap innholdet i kjelen i en foodprosessor eller blender. Bearbeid til glatt. Tilsett eddik og salt etter smak og bearbeid igjen kort for å kombinere.

3. Hell pepper- og løkblandingen tilbake i kjelen. Tilsett 1 til 2 kopper vann, eller nok til å gjøre væsken like tykk som krem. Kok opp på middels lav varme. Tilsett blekkspruten og kok til den er mør når den er gjennomhullet med en gaffel, ca 20 minutter.

4. Tilsett fiskestykkene og rekene. Stek til fisken er gjennomstekt, ca 5 minutter. Rør inn persillen. Server varm med toast og en klatt ekstra virgin olivenolje.

Kylling

Italienske kokker har et bredt utvalg av fjærfe. I tillegg til kylling og kalkun er kaponger, fasaner, perlehøns, ender, gjess, duer, vaktel og andre fugler lett tilgjengelige.

Fram til andre verdenskrig ble ikke kylling spist mye i Italia. Fjærkre var dyrt og en levende kylling kunne gi egg til en bondefamilie å spise eller selge. Kyllingene ble først drept når de var for gamle til å legge egg, når noen i familien ble syke og trengte ekstra mat, eller til spesielle festmåltider. Mange av dagens kyllingoppskrifter ble en gang laget med ville fugler eller kaniner.

Italienerne serverer ofte capon til jul og andre høytider. Smaken av kapong ligner på kylling, men dypere og rikere. Stekt kapong med kjøtt- eller brødfyll spises over hele Italia. I Emilia-Romagna blir kaponger stekt og fylt eller kokt for å lage en kraft for å bake små håndformet tortellini. En tradisjonell Veneto-oppskrift innebærer å kutte kapongen i biter, krydre den med urter og dampe den i en griseblære for å bevare smakene. I Piemonte blir kaponger fylt med trøfler og kokt eller stekt til feriemåltider. Om ønskelig kan kapongen erstattes med en liten kalkun eller en stor stekt kylling.

De fleste av oppskriftene i denne delen fokuserer på kylling og kalkun fordi forsyningen i USA er pålitelig og jevn. Bedre å bruke frittgående fjærfe oppdrettet uten antibiotika for den gode smaken av kylling og kalkun. Selv om organiske og frittgående fugler er dyrere, har de bedre smak, tekstur og tekstur og er bra for deg.

Uavhengig av hvilken type fjærfe du tilbereder, fjern innmaten, leveren og andre deler som er pakket i hulrommet eller nakkeområdet. Vask fuglen godt innvendig og utvendig. Noen ganger vil du se stiftfjær fortsatt festet som må fjernes med fingrene eller pinsett. I noen typer fjærfe, som kylling, kaponger og ender, overflødig fett som kan trekkes eller kuttes ut av hulrommet. Hvis fuglen er stekt hel, brett vingespissene bak. Tilsett eventuelt fyll eller smakstilsetninger, og bind deretter bena sammen med hyssing for et pent utseende og jevnere matlaging.

Noen kyllinger, kalkuner og andre store fugler har et lite termometer innebygd i brystet. Disse enhetene er ofte unøyaktige da de kan bli tilstoppet med matlagingsjuice. Det er best å stole på et øyeblikkelig avlest termometer for å sjekke ferdigheten. Kylling, kalkun og kapong er ferdig når saften blir klar når låret er gjennomhullet med en gaffel og temperaturen på den tykkeste delen av låret er 170-175 °F (180 °F for kapong) umiddelbart. les termometeret. Pass på at termometeret ikke berører beinet (eller temperaturen kan være høyere enn kjøttet). I Italia er vaktel, gås og and utmerket mat, med unntak av andebryst. Pannestekt andebryst serveres vanligvis medium-rare.

KYLLINGSVINDER (SKALOPIN)

Scaloppine er tynne, beinfrie, skinnfrie skiver av kjøtt eller fjærfe, kalt kjøttboller på engelsk. De kan lages av alle typer kjøtt, og noen ganger til og med hard fisk, men de vanligste i USA er kalvekjøtt, kylling og kalkun. Selv om det ikke er de mest smakfulle stykkene, er scalpins eller kjøttboller møre, raske å tilberede og passer godt til en rekke smaker, noe som gjør dem til et godt valg for hurtigmat.

Kalvekjøtt scalopino er mest karakteristisk for italiensk matlaging, men godt kalvekjøtt er dyrt og ikke alltid lett tilgjengelig, så mange kokker i USA bruker kylling- eller kalkunkoteletter.

Når du kjøper kyllingkoteletter, se etter sunne, godt kuttede skiver. Hjemme sjekker du at skivene er tynne nok, helst ikke mer enn 1/4 tomme.

Hvis kjøttet er tykkere eller ujevnt skåret, legg skivene mellom to ark med vokspapir eller plastfolie. Mos dem veldig forsiktig med en glatt gjenstand som en kjøtthammer. En rimelig gummirørleggerhammer fra en jernvarehandel gjør en god jobb. Ikke bruk en klubbe med ujevne overflater for å bryte opp fibrene og mørne kjøttet, og ikke banke for hardt, da dette vil resultere i små kjøttstykker i stedet for tynne flate kjøttkaker.

Kyllingkoteletter i Francese

Pollo alla Francese

Gir 4 porsjoner

Mange italiensk-amerikanske restauranter serverte disse kjøttbollene i en lett eggeskorpe med sitronsaus. Jeg vet ikke hvorfor den heter Francese, som betyr "fransk stil", men det kan være fordi den ble antatt å være elegant. Den er fortsatt en favoritt og veldig smakfull med smørerter eller spinat.

1 1/4 pund i tynne skiver kyllingkoteletter

Salt og nykvernet sort pepper

2 store egg

1/2 kopper universalmel

1/2 kopp<u>Kylling buljong</u>eller butikk kjøpt

1/4 kopp tørr hvitvin

2-3 ss fersk sitronsaft

3 ss olivenolje

3 ss usaltet smør

1 ss fersk flatbladpersille

1 sitron, kuttet i skiver

1. Legg kyllingbitene mellom to ark med plastfolie. Bank forsiktig skivene til ca 1/4 tomme tykke. Krydre kyllingen med salt og pepper.

2. I en grunn bolle, visp eggene med salt og pepper til de er godt blandet. Fordel melet på et stykke vokspapir. Bland kraft, vin og sitronsaft.

3. I en stor panne, varm oljen med smøret over middels varme til smøret smelter. Dypp bare så mange kjøttboller i melet som får plass i pannen i ett lag. Dypp dem så i egget.

4. Legg skivene i et enkelt lag i pannen. Stek kyllingen til den er gyldenbrun på bunnen, 2 til 3 minutter. Snu kyllingen med en tang og stek på den andre siden i ytterligere 2-3 minutter. Juster varmen slik at smøret ikke brenner seg. Overfør kyllingen til en tallerken. Dekk til med folie og hold varm. Gjenta med gjenværende kylling.

5. Når all kyllingen er ferdigstekt, hell kraftblandingen i pannen. Øk varmen og kok, skrap pannen, til sausen tykner litt. Rør inn

persillen. Ha kyllingbitene tilbake i pannen og vend en eller to ganger i sausen. Server umiddelbart med sitronbåter.

Kyllingkoteletter med basilikum og sitron

Scaloppine di Pollo al Basilico e Limone

Gir 4 porsjoner

Italienerne sier: «Det som vokser sammen går sammen», og det er absolutt sant for sitroner og basilikum. Jeg prøvde denne elegante, men raske og enkle retten på veldig hyggelige Hotel Quisisana på øya Capri utenfor kysten av Napoli. Server med smurt spinat eller asparges og en flaske falanghina, en duftende hvitvin fra Campania-regionen.

1 1/4 pund tynne skiver kylling eller kalkun koteletter

Salt og nykvernet sort pepper

3 ss usaltet smør

1 spiseskje olivenolje

2 ss fersk sitronsaft

12 friske basilikumblader, stablet og kuttet i tynne strimler

1. Legg kyllingbitene mellom to ark med plastfolie. Bank forsiktig skivene til ca 1/4 tomme tykke. Krydre kyllingen godt med salt og pepper.

2. I en stor, tung panne, smelt 2 ss smør med oljen. Når smøret har smeltet, tilsett så mange kyllingbiter som passer uten å berøre. Stek kyllingen til den er gyldenbrun, ca 4 minutter. Snu kyllingen og stek den andre siden, ca 3 minutter til. Overfør bitene til en tallerken. Gjenta med resterende kylling om nødvendig.

3. Fjern kjelen fra varmen. Tilsett det resterende smøret, sitronsaften og basilikum i pannen og virvl forsiktig for å smelte smøret. Ha kyllingbitene tilbake i pannen og sett på varmen. Vend kyllingbitene en eller to ganger i sausen. Server umiddelbart.

Kyllingkoteletter med salvie og erter

Scaloppine av Pollo al Piselli

Gir 4 porsjoner

Her er kyllingkoteletter toppet med salvie og erter, og ser like mye ut som de smaker. Hvis du bruker frosne erter og ikke har tid til å tine dem delvis, slipp dem ganske enkelt i kokende vann i 1 minutt, skyll eller bløtlegg dem i veldig varmt vann. Tørk dem godt før du fortsetter.

1 1/4 pund i tynne skiver kyllingkoteletter

Salt og nykvernet sort pepper

2 ss usaltet smør

2 ss olivenolje

12 friske salvieblader

2 kopper avskallede ferske eller delvis tinte frosne erter

1-2 ss fersk sitronsaft

1. Legg kyllingbitene mellom to ark med plastfolie. Bank forsiktig skivene til ca 1/4 tomme tykke. Krydre kyllingen godt med salt og pepper.

2. Smelt smøret med olivenolje i en stor panne på middels varme. Tørk kyllingen. Tilsett kylling og salvie i pannen. Stek kyllingen til den er gyldenbrun, ca 4 minutter. Snu bitene med en tang og stek den andre siden, ca 3 minutter til. Overfør bitene til en tallerken.

3. Tilsett erter og sitronsaft i pannen og bland godt. Tilsett salt og pepper etter smak. Dekk til og kok i 5 minutter eller til ertene er nesten møre.

4. Ha kyllingbitene tilbake i pannen og stek ved å snu en eller to ganger til de er gjennomvarme. Serveres varm.

Kylling med gorgonzola og valnøtter

Petti di Pollo med Gorgonzola

Gir 4 porsjoner

Gorgonzola er en kremet kumelk blåmuggost fra Lombardia-regionen. Osten er kremhvit i fargen, spettet med blågrønne årer av den spiselige penicillinformen. Gorgonzola smelter vakkert, og kokker i regionen bruker den til å lage pasta og kjøttsauser. Dette skaper en deilig saus til kjøttboller. Et dryss hakkede valnøtter gir retten et ekstra knas. Server kyllingen med sautert sopp og fersk brokkoli.

1 1/4 pund i tynne skiver kyllingkoteletter

1/2 kopper universalmel

Salt og nykvernet sort pepper

2 ss usaltet smør

1 spiseskje olivenolje

1/4 kopp finhakket sjalottløk

1/2 kopp tørr hvitvin

4 gram gorgonzola, skall fjernet

2 ss valnøtter, grovhakket og ristet

1. Legg kyllingbitene mellom to ark med plastfolie. Bank forsiktig skivene til ca 1/4 tomme tykke. Bland melet og salt og pepper etter smak på et ark med vokspapir. Dypp kyllingkotelettene i blandingen. Rist for å fjerne overflødig.

2. Smelt smøret med oljen i en stor panne på middels varme. Tilsett kyllingen og stek til den er gyldenbrun, ca 4 minutter. Snu bitene med en tang og stek den andre siden, ca 3 minutter til. Ta kyllingen over på en tallerken og hold den varm.

3. Tilsett sjalottløken i pannen og stek i 1 minutt. Rør inn vinen og kok, skrap bunnen av pannen, til den er litt tykkere, ca. 1 minutt. Reduser varmen til lav. Ha kyllingbitene tilbake i pannen og vend en eller to ganger i sausen.

4. Skjær osten i skiver og legg på toppen av kyllingen. Dekk til og kok til litt smeltet, 1 til 2 minutter.

5. Dryss over valnøtter og server umiddelbart.

Kyllingkoteletter med salat

Scaloppine di Pollo a l'Insalata

Gir 4 porsjoner

På den populære New York-restauranten Dal Barone ble store kyllingkoteletter stekt i brødsmuler med en knasende salatdressing kalt orecchi di elefante, «elefantører». Selv om restauranten stengte for noen år siden, lager jeg fortsatt mine egne kyllingkoteletter. Til dessert serveres med modne pærer og ost.

1 1/4 pund i tynne skiver kyllingkoteletter

2 store egg

1/2 kopp nyrevet Parmigiano-Reggiano

2 ss hakket fersk flatbladpersille

Salt og nykvernet sort pepper

1-2 ss universalmel

1/4 glass olivenolje

Salat

2 ss ekstra virgin olivenolje

1-2 ss balsamicoeddik

Salt og nykvernet sort pepper

4 kopper blandet salatgrønt, revet i biter

¼ kopp rødløk i tynne skiver

1 middels moden tomat, i terninger

1. Legg kyllingkotelettene mellom to ark med plastfolie. Flat kjøttbollene forsiktig til 1/4-tommers tykkelse.

2. I en middels bolle, visp eggene med ost, persille, salt og pepper etter smak. Tilsett nok mel til å lage en jevn pasta tykk nok til å belegge kyllingen. Kle en tallerken eller et brett med papirhåndklær.

3. Varm 1/4 kopp olivenolje i en stor stekepanne på middels varme til eggedosisen syrer.

4. Dypp kjøttbollene i eggedosisen til de er godt brune. Legg nok kjøttboller i pannen til å passe komfortabelt i et enkelt lag. Kok til den er brun, ca 4 minutter. Vend kyllingen med en tang og stek den andre siden, ca 3 minutter til. Tørk av på tørkepapir. Ha over på en tallerken, dekk med folie og hold varm. Stek resten av kjøttbollene på samme måte.

5. I en stor bolle, visp sammen 2 ss olivenolje, eddik og salt og pepper etter smak. Tilsett salatingrediensene og bland godt.

6. Topp kjøttbollene med salaten og server umiddelbart.

Kyllingruller med ansjossaus

Involtini med Salsa di Acciughe

Gir 4 porsjoner

Ansjos gir en syrlig smak til sausen i disse enkle kyllingrullene. Hvis du ikke vil bruke ansjos, bytt ut hakkede kapers.

¼ glass usaltet smør

4 ansjosfileter, avrent og hakket

1 ss hakket fersk flatbladpersille

¼ ts nyrevet sitronskall

8 tynne skiver kyllingkoteletter

Nykvernet sort pepper

8 tynne skiver importert italiensk prosciutto

1. Sett en hylle midt i ovnen. Forvarm ovnen til 400°F. Smør en liten panne.

2. Smelt smøret med ansjosene i en liten kjele på middels varme, mos ansjosen med baksiden av en skje. Rør inn persille og sitronskall. Sett sausen til side.

3. Legg kyllingbitene mellom to ark med plastfolie. Bank forsiktig skivene til ca 1/4 tomme tykke. Legg kyllingbitene på et flatt underlag. Dryss over pepper. Legg et stykke prosciutto på hver skive. Rull skivene på langs. Legg rullene med sømsiden ned i pannen.

4. Drypp sausen over kyllingen. Stek i 20-25 minutter eller til saften blir klar når den skjæres gjennom den tykkeste delen av kyllingen. Serveres varm.

Kyllingruller i rødvin

Rollatini di Pollo al Vino Rosso

Gir 4 porsjoner

Rødvin farger disse innpakket kyllingbrystene fra Toscana en fyldig burgunder og skaper en deilig saus. Hvitløk, urter og tynne skiver prosciutto er typiske fyll. Selv om prosciutto fra Parma er veldig bra og den mest kjente varianten i USA, finnes det nå andre typer, som prosciutto San Daniele fra Friuli, og selv om de er subtilt forskjellige, er de like gode.

Nøkkelen er å finne en god kilde til prosciutto. Servere bør vite hvordan man skjærer kjøtt veldig tynt uten å strimle det, og hvordan man arrangerer skivene forsiktig på vokspapir slik at de ikke fester seg sammen.

1 ss hakket fersk rosmarin

1 ss hakket fersk salvie

1 fedd hvitløk, veldig finhakket

8 tynne skiver kyllingkoteletter

Salt og nykvernet sort pepper

8 skiver importert italiensk prosciutto

2 ss olivenolje

1 kopp tørr rødvin

1. Kombiner rosmarin, salvie og hvitløk i en liten bolle.

2. Legg kjøttbollene på et flatt underlag. Dryss over urteblanding og salt og pepper etter smak. Topp med en skive prosciutto. Rull kjøttbollene på langs og surr med kjøkkensnøre.

3. Varm oljen i en stor stekepanne over middels varme. Tilsett kyllingen og stek, snu bitene ofte med en tang, til de er brune på alle sider, ca. 10 minutter.

4. Tilsett vinen og kok opp, snu bitene av og til, til kyllingen er gjennomstekt og saften blir klar når den kuttes i den tykkeste delen, ca. 15 minutter.

5. Ha kyllingrullene over på et serveringsfat. Hell sausen over dem og server umiddelbart.

KYLLINGDELER

"Djevelens" kylling

Pollo alla Diavola

Gir 4 porsjoner

Små røde chilipepper kalles peperoncini, "små paprika" i noen regioner, og diavolicchi, "små djevler" i andre. Tilstedeværelsen av knust rød pepper står for navnet på denne Chicken Toscana.

Jeg liker å bruke strimlede kyllingbiter til denne retten. På denne måten kan jeg steke beina og lårene litt lenger enn de mer delikate vingene og brystene.

1 kylling (ca. 3 pund), kuttet i 8 porsjoner

1/3 kopp ferskpresset sitronsaft

1/4 glass olivenolje

En sjenerøs klype kvernet rød pepper

Salt

1. Bruk en kokkekniv eller fjærfesaks for å fjerne tuppene på kyllingvingene.

2. I en stor, grunn bolle, kombinere sitronsaft, olje, rød pepper og salt etter smak. Tilsett kyllingbitene. Dekk til og mariner ved romtemperatur i 1 time, snu bitene av og til.

3. Plasser på grill- eller broilerpanne omtrent 5 tommer fra varmekilden. Forvarm grillen eller slaktekyllingen.

4. Når du er klar til å lage mat, fjern kyllingen fra marinaden og tørk. Legg kyllingen med skinnsiden ned mot varmekilden. Grill eller bake, pensle av og til med marinade, til de er pent brune, ca. 10 til 15 minutter. Snu kyllingen og stek til kyllingsaften blir klar når du stikker låret gjennom den tykkeste delen med en kniv, ca. 10 til 15 minutter til. Serveres varm.

Sprøstekt kylling

Pollo Rosolato

Gir 4 porsjoner

Kylling i sprøstekt brødsmuler og ostetrekk smaker godt når den er stekt og varm, men den er god servert kald dagen etter. Planlegg en italiensk piknik med denne kyllingen, <u>Søte og sure poteter</u>, <u>Grønn bønnesalat</u>, og skivede tomater.

1 kylling (ca. 3 1/2 pund), kuttet i porsjoner

Salt og nykvernet sort pepper

1/2 kopp vanlige tørre brødsmuler

2 ss nyrevet Parmigiano-Reggiano

1 stort fedd hvitløk, finhakket

1/2 ts tørket oregano, knust

Ca 2 ss olivenolje

1. Plasser slaktekyllingstativet omtrent 5 tommer fra varmekilden. Forvarm broileren.

2. Tørk kyllingen. Dryss over salt og pepper. Legg kyllingen med skinnsiden ned på grillen. Stek kyllingen til den er lett brun, ca 10 minutter. Snu kyllingen og stek videre i 10 minutter.

3. Mens kyllingen koker, kombinerer du brødsmuler, ost, hvitløk, oregano, salt og pepper etter smak i en middels bolle. Tilsett nok olje til å lage en tykk pasta.

4. Fjern broilerpannen fra broileren. Sett ovnsvarmen til 350°F.

5. Dekk kyllingskinnet med brødsmuleblandingen, klapp den til å feste seg. Sett formen på midterste rille i ovnen og stek i ytterligere 10-15 minutter, til saften blir klar når du prikker kyllingen med en kniv i den tykkeste delen av låret, og skorpen er pent brunet. Serveres varm eller i romtemperatur.

Marinert grillet kylling

Pollo alla Griglia

Gir 4 porsjoner

Eddik, hvitløk og urter, typiske ingredienser fra det napolitanske området hvor min fars familie kom fra, var alltid inkludert i marinaden av det han grillet. Urten var vanligvis mynte, fersk i huset eller tørket, selv om han noen ganger erstattet fersk persille eller tørket oregano. Han brukte den på kylling, blåfisk og biffer, og resultatene var alltid deilige.

Fordi syren i eddik faktisk kan "koke" all proteinmat den kommer i kontakt med, må du ikke marinere mør fisk i mer enn 30 minutter. Kylling og biff kan marinere lenger og vil få mer av smaken av marinaden.

½ kopper rødvinseddik

2 store fedd hvitløk, hakket

2 ss hakket fersk mynte eller flatbladpersille eller 1 ts tørket oregano, hakket

Salt og nykvernet sort pepper

1 kylling (ca. 3 1/2 pund), kuttet i 8 porsjoner

1. I en grunn ikke-reaktiv beholder kombinerer du eddik, hvitløk, urter og salt og pepper etter smak. Tilsett kyllingbitene. Dekk til og avkjøl i flere timer til over natten.

2. Plasser grillen eller slaktekyllingstativet omtrent 5 tommer fra varmekilden. Forvarm grillen eller slaktekyllingen.

3. Fjern kyllingen fra marinaden. Tørk kyllingen. Legg kyllingen med skinnsiden ned mot varmekilden. Grill eller stek i 12-15 minutter eller til de er pent brune. Snu kyllingen og stek videre i 10-15 minutter, eller til kyllingsaften blir klar når du stikker kyllinglåret med en kniv gjennom den tykkeste delen. Serveres varm eller i romtemperatur.

Stekt kylling med poteter og sitron

Pollo al Forno med Patate og sitron

Gir 4 porsjoner

En av mine favorittrestauranter på øya Capri er Da Paolino, som ligger i en sitronlund. En kveld nøt mannen min og jeg en rolig middag med levende lys da plutselig en fet, moden sitron fra et tre over oss krasjet i et glass og sprutet vann over hele bordet.

Jeg tenker på den hendelsen hver gang jeg lager denne sitronkyllingen. Det er en typisk hjemmelaget rett laget i hele Sør-Italia, hvor sitrusfrukter florerer.

2 mellomstore sitroner

1 spiseskje olivenolje

1 ss hakket rosmarin

2 fedd hvitløk, hakket

Salt og nykvernet sort pepper

1 kylling (ca. 3 1/2 pund), kuttet i 8 porsjoner

1 pund universalpoteter, skrelt og kuttet i åttedeler

1. Sett en hylle midt i ovnen. Forvarm ovnen til 450 ° F. Smør en bakeplate som er stor nok til å passe alle ingrediensene i ett lag.

2. Skjær en sitron i tynne skiver. Press resten av sitronsaften i en middels bolle.

3. Tilsett olje, rosmarin, hvitløk, salt og pepper etter smak i en bolle og visp til det er blandet.

4. Vask og tørk kyllingbitene. Legg kyllingen i pannen. Hell sitronsaftblandingen over kyllingen, snu bitene slik at de dekker alle sider. Legg kyllingbitene med skinnsiden opp. Legg potetene og sitronskivene rundt kyllingen.

5. Stek kyllingen i 45 minutter. Pensle pannen med juice. Fortsett å koke, tråkle av og til, i ytterligere 15 minutter eller til kyllingen er brun og potetene er møre.

6. Overfør innholdet i pannen til en serveringsfat. Hell saften over kyllingen og server.

Kylling og grønnsaker i landlig stil

Pollo alla Paesana

Gir 4 porsjoner

For noen år siden besøkte jeg Emilia-Romagna for å lære hvordan Parmigiano-Reggiano lages. Jeg besøkte et meieri hvor eieren viste meg hvordan osten lages hver dag. Etter omvisnings- og ostekurset inviterte verten meg til å bli med familien og kollegene hans til lunsj. Da vi kom inn på det store gårdskjøkkenet, holdt kona hans akkurat på å ta store panner med kylling og grønnsaker ut av ovnen. Vi småretter på hjemmelaget salami og det typiske krabbeformede hvite brødet i regionen, kjent som coppia – «par»-brød, fordi det er laget av to stykker som er satt sammen. Dessert var så enkelt som det blir, kiler av modne saftige pærer og fuktig, lagret Parmigiano.

Denne retten krever en stekepanne som er stor nok til å få plass til all kylling og grønnsaker i ett lag, ellers vil ingrediensene dampe og ikke brune ordentlig. Hvis du ikke har en stor nok, bruk to mindre panner, og fordel ingrediensene jevnt.

Varier denne retten ut fra hvilke grønnsaker som er i sesong og hva du har for hånden. Du kan legge til hakkede kålrot, squash eller paprika eller prøve en håndfull cherrytomater.

½ til 1 kopp hjemmelaget<u>Kylling buljong</u>, eller butikk kjøpt

4 store fedd hvitløk, finhakket

2 ss hakket fersk flatbladpersille

2 ss hakket fersk rosmarin

¼ glass olivenolje

Salt og nykvernet sort pepper

1 (10 unse) pakke porcini-sopp, halvert eller delt i kvarte hvis den er stor

6 middels kokende poteter, skrelles og kuttes i åttedeler

2 mellomstore gulrøtter, kuttet i 1-tommers biter

1 middels løk, kuttet i åttedeler

1 kylling (ca. 3½ pund), kuttet i 8 porsjoner

1. Tilbered kyllingkraft om nødvendig. Sett en hylle midt i ovnen. Forvarm ovnen til 450 ° F. Velg en stekeplate som er stor nok til å passe alle ingrediensene i et enkelt lag, eller bruk to bakeplater. Smør en panne eller panner med olje.

2. Ha hvitløk, persille og rosmarin i en liten bolle og bland med oljen. Tilsett salt og pepper etter smak.

3. Strø sopp, poteter, gulrøtter og løk i pannen. Tilsett halvparten av urteblandingen og bland godt. Pensle den resterende urteblandingen over kyllingbitene. Legg kyllingen med skinnsiden opp i pannen, og legg grønnsakene rundt.

4. Stek i 45 minutter. Pensle kyllingen med pannesaften. Hvis kyllingen virker tørr, tilsett litt mer kyllingkraft. Fortsett å steke, tråkle av og til, i ytterligere 15 minutter eller til kyllingsaften blir klar når du prikker den tykkeste delen av låret med en kniv og potetene er møre. Hvis kyllingen ikke er brunet nok, kjør pannene under broileren i 5 minutter eller til skinnet er brunt og sprøtt.

5. Overfør kyllingen og grønnsakene til et serveringsfat. Snu pannen og bruk en stor skje til å skumme fettet. Sett kjelen over middels varme. Tilsett ca 1/2 dl kyllingbuljong og skrap bunnen av kjelen. Kok opp saften og kok til den er lett redusert, ca 5 minutter.

6. Hell saften over kyllingen og grønnsakene og server umiddelbart.

Kylling med sitron og hvitvin

Pollo allo Scarpariello I

Gir 4 porsjoner

Scarpariello*betyr* "skomakers stil" og det er mange teorier om hvordan denne oppskriften fikk navnet sitt. Noen sier at bitene av hakket hvitløk ligner tuppen av skospiker, mens andre sier det var en rask rett hamret sammen av en travel skomaker. Det er sannsynligvis en italiensk-amerikansk oppfinnelse, gitt et italiensk navn av en smart restauratør.

Det finnes mange versjoner av denne retten, og hver eneste jeg har smakt har vært deilig. Vanligvis kuttes kyllingen i små biter kalt spezzatino, fra spezzare, "to cut", slik at bitene kan absorbere mer av den deilige sausen. Du kan gjøre dette hjemme med en skjæremaskin eller tung kniv, eller la slakteren din forberede kyllingen for deg. Hvis du foretrekker det, kan du ganske enkelt kutte kyllingen i porsjonsstørrelser i leddene.

1 kylling (ca. 3 1/2 pund)

Salt og nykvernet sort pepper

3 ss olivenolje

2 ss usaltet smør

3 store fedd hvitløk, finhakket

3 ss fersk sitronsaft

¾ kopp tørr hvitvin

¼ kopp hakket fersk flatbladpersille

1. Skjær av tuppene og halen på kyllingvingene. Sett dem til side for annen bruk. Bruk en stor tung kniv eller skjærer og skjær kyllingen i leddene. Skjær brystene, lårene og bena i 2-tommers biter. Vask bitene og tørk dem. Dryss alt med salt og pepper.

2. Varm oljen i en 12-tommers stekepanne over middels høy varme. Legg kyllingbitene i et enkelt lag. Stek, snu bitene av og til, til de er pent brune, ca 15 til 20 minutter.

3. Reduser varmen til middels. Fjern fettet med en skje. Tilsett smøret i pannen og tilsett hvitløken når det smelter. Vend kyllingbitene i smør og tilsett sitronsaft.

4. Tilsett vin og kok opp. Dekk til og stek, snu bitene av og til, til kyllingsaften blir klar når du prikker den tykkeste delen av låret med en kniv, ca. 10 minutter.

5. Hvis det er mye væske igjen, ta kyllingen over på et serveringsfat og hold den varm. Skru opp varmen og kok til væsken reduseres og tykner litt. Rør inn persillen og hell over kyllingen.

Kylling med pølser og syltet paprika

Pollo allo Scarpariello II

Gir 6 porsjoner

Chicken scarpariello ble sannsynligvis populær her før andre verdenskrig, da mange italienske innvandrere til dette landet åpnet restauranter i områder av større byer kjent som Little Italy. Det var få profesjonelle kokker, og mange av rettene de serverte var hjemmelaget, forsterket av overfloden av råvarer som finnes her i landet.

Her er den andre versjonen av skomakerkyllingen. Med pølse, eddik og syltet paprika er det helt annerledes enn<u>Kylling med sitron og hvitvin</u>oppskrift. Og det finnes mange andre versjoner. Uavhengig av opprinnelsen er kylling scarpariello deilig og tilfredsstillende.

¼ kopp hjemmelaget<u>Kylling buljong</u>, eller butikk kjøpt

1 kylling (ca. 3 1/2 pund)

1 spiseskje olivenolje

1 pund italiensk svinepølse, kuttet i 1-tommers biter

Salt og nykvernet sort pepper

6 store fedd hvitløk, finhakket

1 kopp syltet paprika i krukker, kuttet i passe store biter

¼ kopp marinade laget av paprika eller hvitvinseddik

1. Tilbered kyllingkraft om nødvendig. Skjær av tuppene og halen på kyllingvingene. Sett dem til side for annen bruk. Bruk en stor tung kniv eller skjærer og skjær kyllingen i leddene. Skjær brystene, lårene og bena i 2-tommers biter. Vask bitene og tørk godt.

2. Varm oljen over middels varme i en panne som er stor nok til å romme alle ingrediensene. Tilsett pølsene og stek godt på alle sider, ca 10 minutter. Overfør bitene til en tallerken.

3. Legg kyllingbitene i pannen. Dryss over salt og pepper. Stek, rør av og til, til de er gyldne, ca. 15 minutter. Strø hvitløken rundt kyllingen og stek videre i 2-3 minutter.

4. Snu pannen og skrap bort det meste av fettet. Tilsett pølser, kraft, pepper og peppervæske eller eddik. Skru varmen på høy. Stek, rist og tråkle bitene ofte, til væsken har redusert til en lett glasur, ca. 15 minutter. Server umiddelbart.

Kylling med selleri, kapers og rosmarin

Pollo alla Cacciatora Siciliana

Gir 4 porsjoner

Dette er den sicilianske versjonen av alla cacciatora, kyllingen "jegerens kone". Sellerien er en fin touch som gir litt crunch til sausen. Sicilianere lager det ofte med kanin.

2 ss olivenolje

1 kylling (ca. 3 1/2 pund), kuttet i 8 biter

Salt og nykvernet sort pepper

1/3 kopp rødvinseddik

1/2 kopp hakket selleri

1/4 kopp kapers, vasket og hakket

1 kvist fersk rosmarin

1. Varm oljen i en stor stekepanne over middels varme. Tørk kyllingen med tørkepapir. Tilsett kyllingbitene og salt og pepper etter smak. Stek, snu bitene av og til, til de er gylne, ca 15 minutter. Snu pannen og skum av fettet.

2. Hell eddik over kyllingen og kok opp. Strø selleri, kapers og rosmarin rundt kyllingen.

3. Dekk til og kok, snu bitene av og til, i ca 20 minutter, eller til kyllingen er mør og mesteparten av eddiken har fordampet. Hvis det er for mye væske igjen på slutten av tilberedningen, overfør kyllingbitene til et serveringsfat. Hev varmen og la væsken småkoke til den er redusert.

4. Overfør kyllingen til en tallerken. Snu pannen og bruk en stor skje til å skumme fettet. Tilsett litt vann og skrap bunnen av kjelen med en tresleiv. Hell saften over kyllingen og server umiddelbart.

Kylling i romersk stil

Pollo alla Romana

Gir 4 porsjoner

Merian er en urt som ofte brukes i romersk mat. Smaken ligner oregano, selv om den er mye mer subtil. Hvis du ikke har merian, bytt ut en klype oregano eller til og med timian. Noen romerske kokker pynter denne retten ved å tilsette søt paprika stekt i olivenolje i pannen rett før tilberedning av kyllingen.

2 gram tykkskåret pancetta, strimlet

2 ss olivenolje

1 kylling, ca 3 1/2 pund, kuttet i 8 porsjoner

Salt og nykvernet sort pepper

2 fedd hvitløk, finhakket

1 ts tørket merian

1/2 kopp tørr hvitvin

2 kopper skrellede, frødede og kuttede tomater eller hakkede hermetiske tomater

1. I en stor panne over middels varme, kok pancetta i olivenolje til den er gyldenbrun, ca. 10 minutter.

2. Tørk kyllingen med tørkepapir. Tilsett kyllingen i pannen og smak til med salt og pepper. Stek, snu av og til, til bitene er brune på alle sider, ca. 15 minutter.

3. Snu pannen og bruk en stor skje til å skumme av overflødig fett. Dryss kyllingen med hvitløk og merian. Tilsett vinen og kok i 1 minutt. Rør inn tomatene og kok opp. Kok, rør av og til, til saften blir klar når den skjæres gjennom den tykkeste delen av låret, 20 til 30 minutter. Serveres varm.

Kylling med eddik, hvitløk og varm pepper

Spezzatino di Pollo alla Nonna

Gir 4 porsjoner

Bestemor lærte mamma å lage denne enkle, krydrede kyllingen i napolitansk stil, og mamma lærte meg.

Ikke engang tenk på å bruke en søt eddik som balsamico for denne oppskriften. En god vineddik vil gi en autentisk smak. Det vil ikke være for krydret; matlagingen myker eddiken og alle smakene balanserer fint.

1 kylling (ca. 3 1/2 pund)

2 ss olivenolje

Salt

4 store fedd hvitløk, finhakket

1/2 ts malt rød pepper, eller etter smak

2/3 kopp rødvinseddik

1. Skjær av tuppene og halen på kyllingvingene. Bruk en stor tung kniv eller skjærer og skjær kyllingen i leddene. Skjær brystene, lårene og bena i 2-tommers biter. Vask bitene og tørk godt.

2. I en panne som er stor nok til å holde all kyllingen i ett lag, varm oljen over middels varme. Tilsett kyllingbitene uten avbrudd. Hvis det er for mye kylling til å passe godt i en panne, del kyllingen i to panner eller stek i porsjoner.

3. Stek til de er brune, snu av og til, ca 15 minutter. Når all kyllingen er brunet, snu pannen og bruk en skje til å fjerne mesteparten av fettet. Dryss kyllingen med salt.

4. Strø hvitløk og knust rød pepper rundt kyllingbitene. Tilsett eddik og rør, skrap opp de brune bitene på bunnen av pannen med en tresleiv. Kok, rør og tråkle av og til, til kyllingen er mør og væsken har tyknet og redusert, 15 minutter. Hvis det blir for tørt, tilsett litt varmt vann.

5. Overfør kyllingen til et serveringsfat og hell pannesaften over alt. Serveres varm.

Toskansk stekt kylling

Pollo Fritto alla Toscana

Gir 4 porsjoner

I Toscana skjæres både kylling og kanin i små biter, dekkes med en deilig røre og deretter stekes. Ofte bakes artisjokkskivene samtidig og serveres sammen.

Toskansk Denne oppskriften bruker oppskåret hel kylling, men noen ganger lager jeg den med kun kyllingvinger. De baker jevnt og alle elsker å spise dem.

1 kylling (ca. 31/2 pund) eller 8-10 kyllingvinger

3 store egg

2 ss fersk sitronsaft

Salt og nykvernet sort pepper

11/2 kopper allsidig mel

Vegetabilsk eller olivenolje til steking

1 sitron, kuttet i skiver

1. Hvis du bruker en hel kylling, skjær av vingespissene og halen. Bruk en stor tung kniv eller skjærer og skjær kyllingen i leddene. Skjær brystene, lårene og bena i 2-tommers biter. Skille vingene ved leddene. Vask bitene og tørk godt.

2. I en stor bolle, visp egg, sitronsaft, salt og pepper etter smak. Fordel melet på et ark med vokspapir. Kle et eller flere brett med papirhåndklær. Forvarm ovnen til 300°F.

3. Rør kyllingbitene inn i eggedosisen til de er godt brune. Ta ut bitene en etter en og rull dem i mel. Fjern overflødig. Legg bitene på grillen til de skal tilberedes.

4. Varm opp omtrent 1 tomme olje i en stor, dyp stekepanne eller bred kjele over middels varme. Sjekk at oljen er varm nok ved å ha i eggedosisen. Når den har stivnet og brunet i løpet av 1 minutt, legg til nok kyllingbiter til å passe komfortabelt i pannen uten å tette dem. Stek bitene, vend av og til med en tang, til de er brune og brune på alle sider og saften blir klar når kyllingen er gjennomhullet på det tykkeste punktet, 15 til 20 minutter. Når bitene er klare, overfør dem til tørkepapir for å renne av. Hold den varm i en lav ovn mens du steker den resterende kyllingen.

5. Serveres varm med sitronbåter.

Kylling med prosciutto og krydder

Pollo Speziato

Gir 4 porsjoner

Jeg hadde denne stuede kyllingretten da jeg var i Marches-regionen. Kyllingen stekes ikke først, selv om den får en fin farge. Krydder og urter gir kylling en livlig, kompleks og uvanlig smak, noe som gjør den veldig enkel å tilberede.

1 kylling (ca. 3 1/2 pund), kuttet i 8 porsjoner

1/4 pund importert italiensk prosciutto per skive, kuttet i smale strimler

6 hele nellik

2 kvister fersk rosmarin

2 friske salvieblader

2 laurbærblader

1 fedd hvitløk, finhakket

1/2 ts hel sort pepper

Salt

½ kopp tørr hvitvin

1. Anrett kyllingbitene med skinnsiden ned i en stor, tung panne. Strø prosciutto, nellik, rosmarin, salvie, laurbærblad, hvitløk, pepperkorn og salt etter smak over kyllingen. Tilsett vinen og kok opp på middels varme.

2. Dekk formen og stek i 20 minutter. Tilsett litt vann hvis kyllingen virker tørr. Stek, tø kyllingen av og til med væsken i pannen, i ytterligere 15 minutter eller til saften blir klar når en kniv stikkes inn i den tykkeste delen av låret.

3. Avdekke og kok kort til væsken har redusert litt. Kast laurbærbladet. Serveres varm.

Kylling i stil med jegerens kone

Pollo alla Cacciatora

Gir 4 porsjoner

Jeg tror jeg kunne skrevet en hel bok med kyllingoppskrifter kalt alla cacciatora. En forklaring på navnet er at inntil for rundt 50 år siden var kylling en spesiell anledningsrett i mange hjem og ble ikke spist hver dag. Men i løpet av jaktsesongen ville jegerens kone tilberede en kylling for å styrke mannen sin for jaktens påkjenninger.

Det er så mange varianter av denne retten. Syditalienerne koker den med tomater, hvitløk og paprika. Emilia-Romagna har løk, gulrøtter, selleri, tomater og tørr hvitvin. I Friuli-Venezia Giulia lages den med sopp. Genoveserne lager det enkelt med tomater og lokal hvitvin. Denne Piemonte-versjonen er en klassiker.

2 ss olivenolje

1 kylling (ca. 3 1/2 pund), kuttet i 8 porsjoner

2 mellomstore løk, hakket

1 stangselleri, hakket

1 gulrot, hakket

1 rød paprika, i tynne skiver

1 gul paprika, i tynne skiver

½ kopp tørr hvitvin

4 modne tomater, skrellet, frøet og hakket, eller 2 kopper hermetiske tomater

6 friske basilikumblader, revet i biter

2 ts hakket fersk rosmarin

Salt og nykvernet sort pepper

1. Varm oljen i en stor stekepanne over middels varme. Vask og tørk kyllingbitene. Stek kyllingen, snu bitene ofte, til den er brun på alle sider, ca. 15 minutter. Overfør kyllingen til en tallerken. Vend pannen og skum av alt unntatt 2 ss av fettet.

2. Tilsett løk, selleri, gulrøtter og paprika i pannen. Kok, rør av og til, til grønnsakene er lett brune, ca 15 minutter.

3. Ha kyllingen tilbake i pannen. Tilsett vin og kok opp. Rør inn tomater, basilikum, rosmarin, salt og pepper etter smak. Kok opp og kok, snu kyllingbitene av og til, til saften blir klar når låret er gjennomhullet på det tykkeste punktet, ca. 20 minutter. Serveres varm.

Kylling med porcini

Pollo med Funghi Porcini

Gir 4 porsjoner

I Piemonte vil du se folk selge nyplukket porcini-sopp fra provisoriske stander ved rasteplasser og parkeringsplasser på motorveier. Fordi svinekjøttsesongen er kort, tørkes disse fyldige villsoppene ofte for å bevare all sin berusende smak og aroma. De er ikke billige, men litt kan gå langt. Pakket tørket svinekjøtt er flotte gaver, inkludert til deg selv. Jeg kjøper fulle store poser som varer lenge i en lufttett beholder.

½ kopp tørket steinsopp

1 kopp varmt vann

1 ss usaltet smør

2 ss olivenolje

1 kylling (ca. 3½ pund), kuttet i 8 porsjoner

Salt og nykvernet sort pepper

1 kopp tørr hvitvin

1. Bløtlegg soppen i vann i 30 minutter. Fjern soppen og behold væsken. Skyll soppen under kaldt rennende vann for å fjerne sand, vær spesielt oppmerksom på endene av stilkene der jord samler seg. Kutt soppen grovt. Sil soppvæsken gjennom et papirkaffefilter over i en bolle.

2. Smelt smøret med oljen i en stor panne på middels varme. Tørk kyllingen og legg bitene i pannen. Stek kyllingen godt på alle sider, ca 15 minutter. Dryss over salt og pepper.

3. Snu pannen og bruk en skje til å skumme av overflødig fett. Hell vinen i pannen og kok opp. Strø soppen over kyllingen. Hell soppvæsken i pannen. Dekk delvis til og stek, snu bitene av og til, til kyllingsaften blir klar når den stikkes i den tykkeste delen av låret, ca. 20 minutter.

4. Overfør kyllingen til et serveringsfat. Hvis det er mye væske igjen i kjelen, øker du varmen og la det småkoke til det er redusert og tyknet. Hell sausen over kyllingen og server umiddelbart.

Kylling med oliven

Pollo al'Olive

Roma er hovedstaden i Italia, og folk fra hele landet trekkes mot den på grunn av dens betydning som et senter for regjering, religion og (i mindre grad) næringsliv. Mange av byens restauranter drives av ikke-romere, og maten gjenspeiler noen ganger en blanding av regionale stiler. Jeg hadde denne kyllingen på en trattoria i Trastevere, et bohemsk nabolag over Tiberen fra det historiske sentrum populært blant byens ungdom. Etter mengden hvitløk i retten å dømme mistenkte jeg at det var en sørlandshånd på kjøkkenet, men det klarte jeg ikke å finne ut av.

2 ss olivenolje

1 kylling (ca. 3 1/2 pund), kuttet i 8 porsjoner

Salt og nykvernet sort pepper

4 fedd hvitløk, lett knust

1/2 kopp tørr hvitvin

2 ss hvitvinseddik

1 kopp Gaeta eller andre milde, velduftende oliven, uthulet og grovhakket

2 ansjosfileter, hakket

1. Varm oljen i en stor stekepanne over middels varme. Tørk kyllingbitene og legg dem i pannen. Dryss bitene med salt og pepper. Når kyllingen er gyllen på den ene siden, snu bitene etter ca 10 minutter, og strø deretter hvitløken rundt dem. Stek til de er pent brune, ca 10 minutter til. Fjern hvitløken hvis den blir mørkebrun.

2. Tilsett vin og eddik og kok opp. Strø oliven og ansjos over det hele. Dekk delvis til pannen og reduser varmen til lav. Stek, snu bitene av og til, til kyllingen er mør og saften blir klar når låret er gjennomhullet på det tykkeste punktet, ca. 20 minutter.

3. Fjern kyllingen til en serveringsfat. Snu pannen og skum av fettet. Hell sausen over kyllingen. Serveres varm.

Kyllinglever med Vin Santo

Fegato di Pollo al Vin Santo

Gir 4 porsjoner

Vin santo er en toskansk dessertvin laget ved å delvis tørke trebbiano-druer på stråmatter før de presses for å lage en svært konsentrert vin. Vinen får lagre i forseglede trefat til den får en vakker ravfarge og utvikler en aromatisk, nøtteaktig smak og jevn tekstur. Dette er en flott vin å nippe til etter et måltid eller med nøtter, vanlige kjeks eller kake. Vin santo brukes også i matlaging, i dette tilfellet med kyllinglever i en deilig smørsaus.

Marsala kan erstattes med vin santo. Server denne leveren på kokt eller stekt polenta eller skiver av ristet brød.

1 pund kyllinglever

3 ss usaltet smør

Salt og nykvernet sort pepper

1 ts hakkede friske salvieblader

4 tynne skiver importert italiensk prosciutto, skåret i kryss

2 ss vin santo eller Marsala

2 ss hakket fersk flatbladpersille

1. Skjær kyllingleveren, kutt forbindelsesfibrene med en skarp kniv. Skjær hver lever i 2 eller 3 deler.

2. Smelt 2 ss smør i en stor panne på middels varme. Vask og tørk leverbitene og legg dem i pannen. Dryss over salt og pepper. Tilsett salvie og prosciutto. Kok, snu leverbitene ofte, til de er lett brune, men fortsatt rosa i midten, ca. 5 minutter. Overfør leveren til en tallerken med en hullsleiv.

3. Tilsett vin santo i pannen og øk varmen. Kok opp og kok i 1 minutt eller til den er litt redusert. Ta av varmen og rør inn resten av smøret og persillen. Hell sausen over leveren og server umiddelbart.

KYLLING KYLLING OG KAPONG

Stekt kylling med rosmarin

Pollo Arrosto

Gir 4 porsjoner

Fram til 1950-tallet bodde og arbeidet de fleste italienere på gårder eid av velstående ledige grunneiere. På visse tider av året, vanligvis på helligdager, måtte bøndene betale grunneieren en del av overskuddet, vanligvis i form av husdyr, råvarer, hvete, vin eller ethvert produkt produsert på gården. I Veneto ble spesifikke gjenstander tradisjonelt forbundet med visse høytider. Høner ble gitt på Carnevale, som finner sted før fasten. Kyllingene ble donert til St. Peters fest 29. juni, gåsen til allehelgensdag 1. november. Egg ble gitt i anledning påsken, og 11. november til St. Martins dag. - grisen blir ammet. Den stekte kyllingmiddagen var en sjelden godbit. vanlig mann, og selv i dag virker måltidet som en anledning.

Å tilberede kyllingbrystsiden ned bidrar til å holde det hvite kjøttet saftig og tilberede fuglen jevnt. For den beste smaken, bruk økologisk hevet kylling.

Dette er den mest grunnleggende av alle stekt kyllingoppskrifter, og etter min mening den beste. Kyllingen tilberedes på lav temperatur hele tiden. Om ønskelig, strø poteter eller andre rotgrønnsaker som gulrøtter eller løk rundt kyllingen.

1 kylling (31/2-4 pund)

2 fedd hvitløk, kuttet i to

4 ss olivenolje

Salt og nykvernet sort pepper

2 eller 3 kvister fersk rosmarin

1 sitron, delt i to

1. Sett en hylle midt i ovnen. Forvarm ovnen til 350°F. Smør et stekebrett som er stort nok til å holde kyllingen.

2. Vask og tørk kyllingen godt. Gni hvitløken over hele skinnet. Pensle med olje og dryss over salt og pepper innvendig og utvendig. Legg hvitløk og rosmarin i kyllingen. Press sitronsaften over kyllingen. Plasser sitronhalvdelene inne i kyllinghulen. Bind sammen bena med kjøkkengarn. Legg kyllingbrystsiden ned i pannen.

3. Stek kyllingen i 30 minutter. Strø kyllingen med eventuell oppsamlet saft. Fortsett å bake i ytterligere 20 minutter. Snu

kyllingbrystet forsiktig opp og stek, tråkle av og til, i 30 minutter. Kyllingen er ferdig når juicen renner ut når den stikkes gjennom låret og den tykkeste delen av låret viser 170°F på et øyeblikkelig avlest termometer. Hvis kyllingen ikke er brunet nok, skru opp varmen til 450 °F i løpet av de siste 15 minuttene av tilberedningen.

4. Overfør kyllingen til en tallerken. Dekk løst med folie og hold varm i 10 minutter før du skjærer ut. Serveres varm eller i romtemperatur.

Stekt kylling med salvie og hvitvin

Pollo Arrosto alla Salvia

Gir 4 porsjoner

Metoden for denne kyllingsteken er forskjellig fra<u>Stekt kylling med rosmarin</u>oppskrift. Her tilberedes kyllingen på høyere temperatur, noe som sparer litt tid og gir huden mer farge. Vinen og sitronsaften gjør kyllingpannesaften om til litt saus til kyllingen.

1 kylling (3 1/2-4 pund)

4 store fedd hvitløk

En liten kvist fersk salvie

Salt og nykvernet sort pepper

1 liten sitron, i tynne skiver

2 ss olivenolje

1/2 kopp tørr hvitvin

2 ss fersk sitronsaft

1. Sett en hylle midt i ovnen. Forvarm ovnen til 450 ° F. Smør en stekeplate som er stor nok til å holde kyllingen. Legg en rist i pannen.

2. Legg hvitløk, salvie og sitronskiver i hulrommet. Gni huden med olje og dryss over salt og pepper. Plasser vingespissene bak ryggen på kyllingen. Bind sammen bena med kjøkkengarn.

3. Legg kyllingen på grillen i pannen. Stek i 20 minutter. Hell vin og sitronsaft over kyllingen. Stek i ytterligere 45 minutter, og dryss pannen av og til med juice. Kyllingen er ferdig når saften blir klar når du stikker hull i kyllinglåret og temperaturen i den tykkeste delen av låret viser 170°F på et øyeblikkelig avlest termometer.

4. Overfør kyllingen til en tallerken. Dekk løst med folie og hold varm i 10 minutter før du skjærer ut. Serveres varm med pannejuice.

Kylling i stil med stekt svinekjøtt

Pollo alla Porchetta

Gir 4 til 6 porsjoner

I det sentrale Italia er porchetta en hel gris stekt på spidd med fennikel, hvitløk, sort pepper og rosmarin. Men det er ikke en rett som er lett å lage hjemme, så kokker bruker de samme komplementære smakene til mindre stykker av svinekjøtt, kanin, fisk og fjærfe. Da jeg først smakte denne oppskriften på Umbrian Winery, ble den laget med en perlehøne, som ligner på en stor kylling, men med mer smak. En stor stekt kylling egner seg også. Du kan bruke hele fennikelfrø i denne oppskriften eller erstatte fennikelpollen, som er malt fennikelfrø som er tilgjengelig i noen spesialbutikker.

2 store fedd hvitløk, finhakket

2 ss rosmarinblader, finhakket

1 ss fennikelfrø eller fennikelpollen

Salt og nykvernet sort pepper

2 ss olivenolje

1 stor kylling (ca. 5 pund)

1. Sett en hylle midt i ovnen. Forvarm ovnen til 450 ° F. Smør en bakeplate med nok olje til å holde kyllingen.

2. Finhakk hvitløk, rosmarin og fennikelfrø. Tilsett krydder i en liten bolle. Tilsett salt og rikelig med kvernet sort pepper. Tilsett 1 ss olje og rør for å kombinere.

3. Vask kyllingen og tørk. Plasser vingespissene bak ryggen. Bruk fingrene til å løsne huden rundt brystet og bena. Fordel halvparten av urteblandingen jevnt over skinnet på kyllingen. Legg resten i hulrommet. Bind sammen bena med kjøkkengarn. Rengjør huden med den resterende oljen. Legg kyllingbrystsiden opp i pannen.

4. Stek i 20 minutter. Reduser varmen til 375 ° F. Stek i 45-60 minutter. Kyllingen er ferdig når juicen renner ut når den stikkes gjennom låret og den tykkeste delen av låret viser 170°F på et øyeblikkelig avlest termometer.

5. Overfør kyllingen til en tallerken. Dekk løst med folie og hold varm i 10 minutter før du skjærer ut. Serveres varm eller i romtemperatur.

Stekt kylling med marsala og ansjos

Pollo Arrosto alla Catanzarese

Gir 4 porsjoner

Giuseppe, en bekjent i New York, sa at han var fra Calabria. Da jeg fortalte ham at jeg skulle besøke Catanzaro i den regionen, sa han at jeg definitivt ville besøke en rustikk restaurant kjent som en putica og spise morzello. Han forklarte at en putica er et ydmykt spisested som ofte ikke har noe skilt utenfor, bare et stort brød med ringformet brød kalt pita festet til døren. Inne er det store fellesbord, og hver serveres en individuell pita fylt med morzello, en lapskaus laget av skivede burdock-biter og annet pålegg. Navnet kommer fra morsi, som betyr "bitt".

Planene mine endret seg og jeg kom aldri til Catanzaro, men jeg elsker å lage denne stekte kyllingen som Giuseppe fortalte meg at bestemoren hans pleide å lage til høytider og spesielle anledninger. Smakskombinasjonen av ansjos, Marsala og kylling kan virke uvanlig, men ansjosene smelter og tilfører kun saltheten til kyllingjuicen, mens Marsalaen tilfører en nøtteaktig smak og hjelper kyllingen til å bli fin gyllenbrun.

1 kylling (31/2-4 pund)

Salt og nykvernet sort pepper

½ sitron

2 ss usaltet smør

8 ansjosfileter, hakket

¼ ts nykvernet muskatnøtt

½ kopp tørr Marsala

1. Sett en hylle midt i ovnen. Forvarm ovnen til 450 ° F. Smør en bakeplate med nok olje til å holde kyllingen.

2. Vask kyllingen og tørk. Plasser vingespissene bak ryggen. Krydre innvendig og utvendig med salt og pepper. Tilsett sitronhalvdelen, smør, ansjos og muskat i hulrommet. Legg kyllingen i pannen med brystsiden ned.

3. Stek kyllingen i 20 minutter. Snu kyllingbrystsiden forsiktig opp og stek i ytterligere 20 minutter. Hell Marsalaen over kyllingen. Stek i ytterligere 20-30 minutter, tøs 2 eller 3 ganger med pannesaft. Kyllingen er ferdig når juicen renner ut når den stikkes gjennom låret og den tykkeste delen av låret viser 170°F på et øyeblikkelig avlest termometer.

4. Overfør kyllingen til en tallerken. Dekk løst med folie og hold varm i 10 minutter før du skjærer ut. Serveres varm.

Fylt stekt kapong

Cappone Ripene al Forno

Gir 6 til 8 porsjoner

Til julemiddagen i Lombardia-regionen er biffkapon tradisjonelt fylt med svinepølse og fersk eller tørket frukt. Mostarda, en rekke frukter som fiken, mandariner, aprikoser, kirsebær, sitroner og fersken kastet i en sirup med sennepssmak, er en typisk siderett.

Kaponger, som er kastrerte haner som veier 8 til 10 pund, selges vanligvis ferske i løpet av ferien og fryses resten av året. De er kjøttfulle og saftige og smaker som kylling, bare mer intense. En stor stekt kylling eller en liten kalkun kan brukes til denne oppskriften, men du må justere steketiden basert på vekt.

8 gram daggammelt italiensk eller fransk brød, skorpen fjernet og revet i biter

½ glass melk

1 pund vanlig svinepølse, tarm fjernet

10 utstenede plommer, hakket

2 store egg, pisket

¼ ts nyrevet muskatnøtt

Salt og nykvernet sort pepper

1 kapong (ca. 8 pund)

2 ss olivenolje

2 ss hakket fersk rosmarin

½ kopp tørr hvitvin

1. Bløtlegg brød i melk i en stor bolle i 15 minutter. Fjern deretter brødet, kast melken og klem ut brødet for å renne av overflødig væske. Legg den tilbake i bollen.

2. Tilsett pølse, svisker, egg, salt og pepper etter smak, muskat og bland godt.

3. Sett en hylle midt i ovnen. Forvarm ovnen til 350°F. Smør et stekebrett som er stort nok til å passe formen.

4. Vask kapongen og tørk den. Fyll fuglen lett med pølseblandingen. (Eventuell rest av fyll kan stekes samtidig i en smurt ildfast form.) Bland olje, rosmarin, salt og pepper etter smak. Gni blandingen over hele fuglen. Legg fuglebrystsiden ned i pannen.

5. Stek i 30 minutter. Hell vinen i pannen. Etter ytterligere 30 minutter og hver halvtime deretter, dryss fuglen med eventuell oppsamlet saft. Etter at fuglen har stekt i 60 minutter, snu den forsiktig med brystsiden opp. Stek i totalt 2 timer og 15 minutter, eller til et øyeblikkelig avlest termometer satt inn i den tykkeste delen av låret viser 180 °F.

6. Overfør kapongen til en tallerken. Dekk lett med folie i 15 minutter for å holde varmen.

7. Vend pannen og bruk en stor skje til å skumme fettet fra pannesaften. Skjær kapongen og server med saft og fyll.

www.ingramcontent.com/pod-product-compliance
Lightning Source LLC
Chambersburg PA
CBHW050303120526
44590CB00016B/2471